AF498052

LIÉGE

FRAGMENT INÉDIT D'UN VOLUME INTITULÉ :

ÉCHOS DE LA PATRIE.

PAR

M. Étienne Arago.

BRUXELLES.

IMPRIMERIE DE A. LABROUE ET COMPAGNIE

RUE DE LA FOURCHE, 36

1850

I

Quand pourrai-je, eau de la Meuse,
Qui dans la mer écumeuse,
Rapide, vas te jeter,
Loin de te suivre en ta course,
Vers ta pure et claire source,
Quand pourrai-je remonter ?

La frontière, affreux martyre !
Et me fascine et m'attire,
Ainsi qu'un gouffre béant ;
Et toi, toujours gracieuse,
Tu la fuis, belle oublieuse,
Pour enrichir l'Océan !

Mais avant ton grand naufrage,
Tu te gares au passage
Du Rhin, ce fleuve étranger ;
Quand, de loin, tyran farouche,
Il t'ouvre sa large couche,
Tu ne vas pas t'y plonger.

Tu sais qu'à son eau profonde
Si tu mariais ton onde
Tu perdrais ton nom si doux,
Ainsi que la jeune fille
Quitte son nom de famille
Dans les bras de son époux.

Ton nom m'est doux à l'entendre,
Comme l'air que la calandre
Chante au sein des frais roseaux ;
Il bruït à mon oreille
Comme un zéphyr qui s'éveille
Et murmure au bord des eaux.

Ton nom me dit cette armée (1)
Qui lassa la renommée

(1) Sambre-et-Meuse, digne d'être chantée par un autre Homère.

Au récit de ses exploits,
Quand l'étranger en furie
Espérait à ma patrie
Donner des fers et des rois.

Ah! ce fut la grande époque!
Malheur à qui le provoque,
Ce peuple ardent, irrité!
Il bondit, il frappe, il tonne,
Et partout il sème ou donne
La paix et la liberté.

Liége, ses lauriers sans nombre,
Te protégeant de leur ombre,
Alors sur toi s'étendaient;
Tu devins cité française,
Et ton sein fut la fournaise
Où nos canons se fondaient.

Aussi, d'une course agile,
Des lieux où la loi m'exile
Souvent me vois-tu venir
Respirer une journée
Sur ta terre fortunée
Le parfum d'un souvenir.

Tel, quand le jour vient de naître,
Pauvre ami d'un pauvre maître,
S'échappe un triste serin,
Et dans sa cage indigente,
Il revient le soir, et chante,
Le gésier plein de bon grain.

Sur tes quais ma marche est lente...
C'est qu'*une fièvre brûlante*
Saisit mon cœur attendri,
Quand, de la rive opposée,
Vient cette harmonie aisée
Qu'enfant écoutait Grétry (1).

Puis, d'une course hâtive,
Pour mieux voir l'eau fugitive
Je m'élance sur le pont,
Et cette eau, qui vient de France,
Au soupir de ma souffrance
Par un doux soupir répond.

(1) Grétry est né à Liége sur la rive droite du fleuve, quartier d'Outre-Meuse. Je ne suis pas le premier proscrit français qui ait rêvé sur ces bords à la romance de *Richard*. Arnault, Cauchois-Lemaire, écrivains comme moi, ont éprouvé la *fièvre brûlante* que donne l'amour de la patrie absente.

Là-haut le fleuve serpente...
Mais pour remonter sa pente
Mon œil se trouble, incertain ;
Et ma main qui l'enveloppe
S'arrondit en télescope
Pour plonger dans son lointain.

Je vois ses plis, ses méandres,
Les prés aux couleurs si tendres
Qu'il paraît emprisonner ;
Contre leurs flancs il se presse,
Et sous sa douce caresse
Je vois son eau frissonner.

En descendant, elle pousse...
Quoi donc?... rien... un peu de mousse...
Ah! qui peut dire son lot !
Par un orage emportée,
Ainsi que moi ballottée,
La voilà jouet du flot !

Si parfois à mes paupières,
Toujours ardentes et fières,
Je sens mes pleurs affluer,
C'est que, sur l'onde, une branche

Et se redresse et se penche
Comme pour me saluer.

Une mésange s'y place,
Appelant l'oiseau qui passe....
Il vient voler tout autour....
Eh ! d'où vient-elle elle-même ?
De ce beau pays que j'aime,
Où tout nous parle d'amour !

Grand Dieu ! dans l'onde grossie,
Et par l'orage épaissie,
Je vois passer un cerceau
Près duquel le fleuve avide
Pousse, entraîne et roule vide
Un charmant petit berceau....

Désespoir ! douleur amère !
Désolée et pauvre mère !
Mon cœur se gonfle et se fend....
Sous les larmes mon œil brille....
L'ennemi de la famille
Pleure à la mort d'un enfant !..

Du pont frappant une assise,
Un bateau chargé se brise...

Soudain — quelle impiété !
Je m'élance au sauvetage,
Rêvant *ruine et partage*
De toute propriété.

A l'heure où je me promène,
Si *le Namur* (1) nous amène
Des Français qu'il jette au port,
Je regarde avec mon âme,
Vieillard, enfant, homme, femme,
De ses flancs tout ce qui sort....

Je les frôle, je les touche,
Du moindre mot de leur bouche
J'aime et j'admire l'accent ;
Qu'un obstacle les arrête,
Char qui court, bateau qu'on frète,
Je lui suis reconnaissant !

Parfois, grandissant mon rôle,
Je leur dis une parole,
Enfin, bienheureux mortel !
Je les suis, je les escorte
Pas à pas, jusqu'à la porte
D'une auberge ou d'un hôtel.

(1) Bateau à vapeur.

Liégeois, de ma nostalgie
J'endors ainsi l'énergie,
Et, sous mon œil de proscrit,
Quand le hasard vous rassemble,
Sur chaque front il me semble
Qu'un nom français est écrit !

Parce que, révolte ou siége,
Gloire éternelle de Liége,
Étaient par vous applaudis,
Parce que de vos batailles
Les héros à hautes tailles
Étaient encore grandis ;

Parce que, d'humeur altière,
Plus haut que toute bannière
Vous placiez votre pennon ;
A votre accent énergique,
De Gascons de la Belgique
On vous donnait le surnom.

Quelque chose vous en reste :
L'animation du geste,
Antipathique au Flamand,
La parole colorée

Et la phrase exagérée
Du poëte et de l'amant.

Liége, si sur ta colline
La brise, toujours câline,
Souffle pour la caresser,
C'est que, le long de la rive,
Cette brise qui t'arrive
Sur la France a dû passer.

Tes prés de fleurs se décorent,
Tes fruits de soleil se dorent,
Entre tes champs de houblons
Plus d'un vert berceau se drape
Avec la treille; et la grappe
Mûrit même en tes vallons.

A tes salles de spectacle,
Soit triomphe, soit débâcle,
Tu portes tout à l'excès;
Bravos et sifflets m'y flattent,
Car ils partent, ils éclatent,
Échos d'un public français.

Comme un noir torrent qui roule,
Quand tes armuriers en foule

Quittent leur ardent enfer,
J'aime à voir leurs larges bustes,
Et leurs bras nus et robustes
Qui savent tordre le fer.

J'aime à voir ton ouvrière
Portant sur sa tête fière
Des fusils en long faisceau ;
Pour moi, c'est une Bellone
De quelque troupe wallonne,
Digne d'un grave pinceau.

Jamais son fardeau ne penche ;
La main ferme sur la hanche
Elle va d'un pas hardi ;
Ainsi, droites sous leur cruche,
Le pied jamais ne trébuche
Aux filles de mon Midi.

Soit qu'aux jeux ils fassent trêve,
Soit qu'ils courent sur la grève
Remplissant l'air de leurs cris,
Aux soldats soit qu'ils se mêlent,
Jusqu'aux enfants qui rappellent
Les vifs gamins de Paris.

Mais souvent l'ennui me gagne.
Beaux-arts, fleuve, quai, montagne,
Alors tout semble un tombeau ;
Et lorsque chacun admire,
Bien bas, je me prends à dire :
« Oui, cela doit être beau ! »

Car toute fleur est froissée,
Toute verdure est passée,
Tout soleil paraît voilé,
Tout son est un cri d'alarme,
Tout est douleur, peine, larme,
Tout est mort pour l'exilé !

II

Non, non, je me sens renaître !
L'Histoire me fait connaître,
Liége, ton noble dossier....
Je suis le fer sous la rouille,
Qui par le feu s'en dépouille,
Et que l'eau trempe en acier.

Bien loin ce dossier remonte,
Sans que la peur ou la honte
En souillent un seul feuillet.
Dès ton aurore brumeuse,
C'est que des eaux de la Meuse
La nymphe sur qui veillait.

La serre de Charlemagne,
Aigle puissant d'Allemagne,
S'est incrustée autrefois
Dans tes forêts de vieux chênes,
Quand des serfs les lourdes chaînes
Se brisaient avec la croix.

Liége, tu t'es enrichie
Des biens que sa monarchie
Conquit sur plus d'un baron ;
Ces joyaux de sa couronne,
Tour à tour on te les donne
Pour exhausser ton Perron (1).

Tout privilége te blesse.
Avec la fière noblesse
Tes bourgeois marchaient de pair ;
Et Charlemagne les aide,
Quand à leur robe il concède
Le noble argent et le vair (2).

(1) Nom donné à une colonne surmontée d'une pomme de pin, et élevée sur plusieurs marches. Le Perron était considéré jadis comme le symbole de la liberté du pays de Liége.

(2) Charlemagne, qu'un érudit liégeois vient de réclamer pour compatriote, accorda aux bourgeois de Liége les écussons, les boutons d'argent et le vair.

Le peuple est de même trempe :
Ailleurs s'il se courbe et rampe,
A Liége il se tient debout.
A qui le traite en esclave,
Le volcan jette sa lave,
C'est un Océan qui bout !

De vos chroniques sacrées
Quelques têtes vénérées,
Liégeois, s'offrent au pinceau,
Quand votre ville naissante
Recevait, reconnaissante,
Son nom d'un faible ruisseau (1).

Pour protéger votre enceinte,
De Walburge, pauvre sainte,
Vos aïeux cherchaient l'appui ;
Mais l'église en citadelle
S'est élargie, et c'est elle
Qui vous protége aujourd'hui.

Laissons la noble Julienne,
A qui la pompe chrétienne

(1) Le ruisseau de la Légie, qui se perd dans la Meuse après
avoir traversé la ville dans deux canaux souterrains.

Doit, dit-on, la Fête-Dieu ;
Repoussons les prophéties ,
Par l'ignorance obscurcies,
Du prêtre Laensberg-Mathieu ;

Cherchons un plus noble titre....
De Notger je vois la mitre...
Seul et grand magicien !
Vengeant ceux qu'on humilie,
Toujours au peuple il s'allie
Contre le patricien !

Qu'a-t-il besoin du miracle
De son devancier Éracle
Pour embellir la cité (1)?
La prudence est son amorce,
L'amour du bien est sa force,
Son pouvoir la volonté.

Dans cette sainte famille,
Wazon, ton étoile brille !

(1) Éracle, prédécesseur de l'évêque Notger, se trouvant fort embarrassé pour choisir l'emplacement d'une église nouvelle, vit sur un terrain une croix de neige. Ce miracle, — on était en juillet, — décida l'évêque, qui fit bâtir l'église sur le terrain où il avait vu la croix miraculeuse.

Ta main ne sait que bénir ;
La cité que tu consoles
Doit à tes soins ses écoles,
Grain semé pour l'avenir.

Depuis ceux-là, combien d'autres,
De l'enfer cruels apôtres !
Combien sous leurs saints habits
Au vice se prostituent,
Et, pasteurs infâmes, tuent
Leurs innocentes brebis !...

Jean sans Peur, ce bourreau-prince,
Envahit votre province
Dont il brûle la moitié...
Quelle est la main qui le guide ?
Celle d'un prélat perfide
Surnommé Jean sans Pitié.

La mitre veut qu'on la craigne :
Dans la ville la mort règne
Et l'effroi dans les hameaux...
C'est ton sanglant apanage,
De Gueldre, et ton nom surnage
Dans ce déluge de maux.

De Bourbon (1) brûle, assassine,
Prend la Meuse pour piscine :
Quel baptême!... Et le tableau
Ailleurs est rouge de flammes !
Liége perd trente mille âmes
Par le feu, le fer et l'eau.

Maximilien, fais grâce (2) !
Non... ceux dont tu crains l'audace
Quittent de nuit leur prison,
Et le peuple qui s'éveille
Les voit pendus à la treille,
Frais rideau de leur maison.

Frapper l'impôt, c'est sa tâche ;
Sa main promène la hache,
Digne bâton pastoral !
Tout tremble devant sa chape,

(1) Louis de Bourbon, prince-évêque à dix-neuf ans. Son épiscopat fut une suite de calamités populaires.

(2) Henri-Maximilien, leveur d'impôts, dit l'histoire, et bourreau que l'âge ou le sexe ne touchèrent jamais ; faisant décapiter ses ennemis presque centenaires, ou les faisant pendre de nuit aux treilles de leurs propres demeures. Ah ! si un autre Maximilien eût commis tous ces crimes!... Mais Henri-Maximilien était prince et évêque : la couronne et la mitre ont tout couvert.

De son palais il s'échappe
Un long soupir sépulcral.

Un autre, issu de Bavière (1),
Jette au fond d'une carrière
Le corps de ceux qu'il trompa ;
Et d'Hoensbroeck — peut-on le croire ?
Boit dans le sacré ciboire
Les pleurs des joueurs de Spa (2).

Voilà vos princes-évêques !
Des vieilles bibliothèques
Sombre et sanglant relevé !
Chronique religieuse,
Où sur la croix glorieuse
Le peuple est toujours rivé !

Sacrifice long, auguste !
Pour lui, comme pour le Juste,

(1) Ferdinand de Bavière. Il ne montra jamais *aucun
amour ou bénévolence épiscopale :* obéissance et argent étaient
ses seuls moyens de gouverner.

(2) D'Hoensbroeck, l'avant-dernier prince-évêque de Liége,
fit signer la paix dans son palais à deux entrepreneurs de jeux
de Spa qui se faisaient la guerre ; il leur donna le privilége de
ruiner les nationaux et les étrangers, moyennant trente pour
cent sur les bénéfices.

L'échafaud est un autel.
Que sur la claie on l'étende,
Qu'au sépulcre on le descende,
Il ressuscite immortel !

III

Liége, ton front athlétique
De la couronne artistique
N'a pas les plus riches fleurs;
Bruge, Anvers les ont plus belles,
Mais chez toi peut-être ont-elles
Un parfum plus doux qu'ailleurs.

— « Par qui cet arc à plein cintre ?
— « Par qui cette œuvre d'un peintre ?..»
De Liége on nomme un enfant.
Mère heureuse en ta tendresse,
Chacun de tes fils s'empresse
D'orner ton sein triomphant.

Et puis, ces nobles ouvrages
Sont autant de témoignages
Authentiques, précieux,
De la gloire, des traverses,
Des fortunes si diverses
De la foi de tes aïeux.

Saint-Jacques (1), ta nef si haute,
Où l'art recherche une faute,
Est chère à tout citoyen.
Aux autorités élues
Là les chartes étaient lues,
Là se jurait leur maintien.

La main d'un poignard armée,
Rickel, c'est ta renommée
Que veut atteindre un jaloux.
Frappe l'homme, vil manœuvre !
Saint-Martin est un chef-d'œuvre
Inaccessible à tes coups (2).

(1) La plus belle des églises de Liége et l'une des plus re-
marquables de la Belgique.

(2) C'est dans l'église Saint-Martin que Julienne fit insti-
tuer, en 1246, la Fête-Dieu. Rickel mourut par le poignard
d'un autre artiste jaloux de son talent.

Sainte-Croix, l'église antique,
Fut le château despotique
Du patricien Radus ;
Notger le chasse du glaive,
Et le Christ bientôt y lève
Ses bras au peuple tendus.

Saint-Lambert (1) croule... A sa place
L'air circule... un vaste espace
S'offre aux yeux des promeneurs,
Et le Palais se présente,
Dur dans sa forme imposante,
Comme vos vieux gouverneurs.

Cependant, de ses arcades,
La reine aux tendres cascades
Que le Béarnais bannit
Trouva bien sculptés les marbres,
Beaux les jardins, et leurs arbres
Dignes d'y poser son nid (2).

(1) Ancienne cathédrale. dont les derniers restes, balayés
par l'armée républicaine française, laissèrent voir compléte-
ment l'ancien palais des princes-évêques devenu maintenant
le palais de justice.

(2) Marguerite de Navarre y séjourna et se fit apporter là
les eaux de Spa.

Pourquoi sous ses galeries
Par votre Borset fleuries
Tous ces marchands entassés ?
Le goût veut leur sacrifice :
Du temple de la justice
Que les vendeurs soient chassés (1) !

Là, tout près, on me signale
La maison échevinale...
Au vieux temps elle portait
L'humble nom de violette,
Quand l'échevin, pauvre athlète,
Pour le Tiers État luttait.

Ainsi tout sillon profane
Offre à ma muse qui glane
Un épi substantiel,
Et, butinant en abeille,
Une légende bien vieille
Va lui donner un doux miel :

(1) Déjà au xive siècle les galeries sculptées par Borset
étaient occupées par des halliers ; mais Liége doit imiter Paris
qui a nettoyé naguère les galeries de son palais de justice, li-
vrées aussi aux marchands depuis des siècles.

Quand, chaumine par chaumine,
Vers le pied de la colline
Liége jadis s'amassait,
Tout autour, dans les prairies,
Les sources étaient taries,
Et le peuple languissait.

Saint Servais, nouveau Moïse,
Voit cette terre promise
Que recouvre l'arbre à pin ;
De son bâton il la frappe,
Pour le peuple l'eau s'échappe…
(Dieu lui donne un peu de pain !)

Voilà l'histoire… certaine
De votre belle fontaine,
Où, sous les Grâces, je vois
Ce fier Perron qui se base
Sur trois lions qu'il écrase,
Palladium des Liégeois.

Descendons au *Pont des Arches*.
C'est là que devant nos marches
L'Autrichien se refoulait ;
Là qu'appuyé sur sa pique,

Pour la jeune République
Au peuple un tribun parlait (1).

Des quais l'aspect rude et ferme
Montre à mon œil, qui se ferme
Sous un soleil trop brillant,
Mille maisons séculaires
Aux pignons triangulaires,
Souvenirs du Castillan.

Une colombe s'élance
De leur faîte, et se balance,
Gracieuse, sur mon front.
Ma pensée, à tire-d'aile,
Aussitôt vole auprès d'elle
D'un élan agile et prompt.

L'une à l'autre ainsi liées,
Des ruines oubliées
Dans mon rapide coup d'œil,
Elles vont chercher la trace
Qu'un souffle du temps efface...
Pour châtier notre orgueil.

(1) En 1794 les Autrichiens y furent culbutés, et le pont
prit le nom de *Pont de la Victoire*. Les orateurs populaires
y faisaient leurs motions civiques.

Cherchez donc l'humble chapelle
Où dans la cité nouvelle
Monulphe s'agenouilla....
Le champ où la croix de neige
En été, par privilége,
Aux yeux d'Eracle brilla (1).

Et puis, qu'un zéphyr rapide
Vers la Chartreuse vous guide...
C'est là qu'à coups de canon
Boufflers vint sur cette côte
Célébrer la Pentecôte
Pour complaire à Maintenon (2).

Par ici venez ensuite
Au couvent d'où le jésuite
Repoussait toute clarté.
Des siècles heureux contraste !
Sur un temple noble et vaste
Je lis : *Université*.

(1) Saint Monulphe fut le fondateur de Liége. Des maisons
se groupèrent autour de son petit ermitage et successivement
formèrent une petite ville. Nous avons déjà parlé de la croix
de neige, songe d'été de l'évêque Eracle.

(2) Pendant les guerres de religion à jamais déplorables !

Courant ainsi, la colombe
Va se poser sur la tombe
De Flemalle, de Delcour,
De Douffet, vos trois étoiles,
Dont les marbres et les toiles
Palpitent d'art et d'amour.

Vous aussi, Jean d'Outre-Meuse,
Dont la chronique est fameuse,
Lombard qui brave l'oubli
Sous son portail qu'on encense,
Et Renkin, dont la puissance
Fit monter l'eau dans Marly.

Sur leurs cendres négligées,
De pierre et d'or peu chargées...
(Tous du peuple ils sont sortis!)
La colombe passe et cueille
Un rameau vert, une feuille,
Un brin de myosotis.

Liége, c'est une couronne
Qui sur ta tête rayonne
Mieux que ne ferait de l'or ;
Pourtant elle n'est point telle

Qu'il n'y manque une immortelle...
On peut la trouver encor.

Allons au vieil hippodrome...
Là, sous l'armet et le heaume,
Fermes sur leurs destriers,
Des preux venaient pour combattre...
A présent c'est un théâtre :
Autres mœurs, autres lauriers !

La foule y lit une affiche...
Souvent elle fut plus riche
En noms, orgueil de mon art ;
Aujourd'hui le mien y brille ;
Oui, la gloire, en bonne fille,
M'a réservé ce hasard.

Pour moi quelle bienvenue !
Ma muse est ici connue ?...
Que ce beau sol soit béni !
Dans la salle qu'on me guide...
D'un triomphe suis-je avide ?
Non ; écoutez le banni :...

« Silence ! Aux clartés du lustre
« M'apparaît un front illustre...

3.

« Mon cœur parle.... j'obéis...
« Salut! ô gloire sans tache,
« Dont chaque rayon attache
« Mon pays à ce pays !

« Salut! ô toi que j'admire,
« Tendre père de *Zémire*,
« De *Richard* et de *Sylvain !*
« Salut! maître de la scène,
« Qui des rives de la Seine
« Fus l'Orphée au chant divin !

« De sa palme radieuse,
« O Liége! sois glorieuse ;
« Mais si la France te doit
« Ce pur et charmant génie,
« Digne du ciel d'Ausonie,
« Que Dieu marqua de son doigt,

« Ce n'est là qu'un doux échange :
« Mars, l'actrice à la voix d'ange,
« Diamant aux purs éclairs,
« Posa la première pierre

« Du temple où parle Molière,
« Où Grétry chante ses airs (1) ! »

(1) En 1818, Mlle Mars, qui était allée en Belgique pour y
faire connaître et admirer son talent, posa la première pierre
du théâtre de Liége.

IV

A présent j'ouvre la page
Du dévoûment, du courage :
Fier blason ! noble attribut !
Mais souffrez que le rapsode
Par un naïf épisode
Égaye un peu son début.

Jeune et charmante Aigletine,
Le vers que je te destine
Est l'écho national...
Au ciel, belle fiancée,
Joins ma modeste pensée
A ton bouquet virginal.

C'était le jour de ses noces.
Pour l'évêque aux mœurs féroces
Les soldats tenaient le fort.
Tous, invités à la fête,
Parés des pieds à la tête,
Ils descendent sur le port.

Leur chef les suit, et ne laisse,
Pour garder la forteresse,
Qu'une femme... C'était peu !
Je le dis avec franchise,
Elle devait être prise....
Un homme avait trop beau jeu !

Il vint : c'était sa consigne.
« — Jeanne, dit-il, de la vigne
« J'arrive, en brave voisin ;
« Du fort ouvre-moi la porte ;
« Regarde donc, je t'apporte
« Un panier de beau raisin. »

A ce discours qu'elle écoute,
Jeanne, qui rien ne redoute,
Baisse un pont-levis sans bruit ;
A sa mère Ève pareille...

Le serpent a fait merveille...
Il était si beau le fruit !

Lors le voisin entre vite
Et tout le peuple à sa suite
S'élance de toutes parts ;
Marteaux en main, en cadence,
Aux sons lointains de la danse
On renverse les remparts.

Pendant ce temps, Aigletine
Répondait, vive et mutine,
Au soldat qui la priait...
Peu soucieuse de plaire,
De la ruse populaire
Sous son voile elle riait (1).

Voilà toute ma ballade.
Mais on crie : « A l'escalade ! »
L'arc vibre aux mains de l'archer ;
Peuple et soldats, tout se rue

(1) Le nom d'Aigletine, son mariage, la ruse du voisin, jusqu'au panier de raisin, tout se trouve dans la chronique lié-
geoise. C'est sous le cruel évêque Henri de Gueldre qu'eut
lieu cette surprise de la forteresse.

Dans les camps ou dans la rue :
Guerre — émeute — il faut marcher !

Émeute ou guerre ; qu'importe ?
Dans la cité libre et forte,
Voyez *la Mal-saint-Martin* (1).
Voyez, en rase campagne,
A Vottem, le peuple gagne
Un immortel bulletin (2).

Soucieux, dans ses annales,
Des franchises communales
Et du droit provincial,
Toujours son fer neutralise,
Soit les foudres de l'Église,
Soit l'édit impérial.

(1 On nomme ainsi la bataille qui eut lieu dans les rues de Liége, le 4 août 1312, entre les patriciens et les plébéiens. En fuyant, plus de deux cents nobles se retranchèrent dans l'église Saint-Martin. Le peuple y mit le feu, et l'église écrasa dans sa chute ceux qui n'avaient pas été étouffés ou brûlés vifs.

(2) A la bataille de Vottem qui eut lieu le 19 juillet 1347, les gens des communes battirent l'armée du prince-évêque, dans laquelle on comptait deux rois (le roi des Romains et le roi de Bohême), trois ducs, trois marquis, quatorze comtes et une foule de chevaliers renommés.

Clergé, noblesse s'unissent :
Le grand peuple qu'ils punissent
Brave prisons, échafauds,
Présentant, vaillante race !
Sa poitrine à la cuirasse,
Au fer opposant la faux.

Vienne l'ardente colère
Du Bourguignon Téméraire
Qui s'acharne sur vos toits !
C'est bien, car au nom de Charle
Tout Wallon s'anime et parle
Des héros franchimontois.

De nuit, six cents accoururent,
Combattirent et moururent,
Tous !... Tous !... Et le chroniqueur,
Pour dire leur trait sublime,
Leur valeur, leur nombre infime,
Dut s'adresser au vainqueur !

Déchirant un voile sombre,
De vos émeutes sans nombre
Qui peut me nommer les chefs,
Proclamant Mambours et Maîtres (1),

(1) Les *maîtres* étaient les bourgmestres des bonnes villes.

Ou chassant les mauvais prêtres
Du fond de leurs vastes nefs ?

Sanglant... c'est lui... La Ruelle !...
C'est Baré, que de son aile
La victoire protégea ;
Les de Hornes, dignes frères !
Que dans des jours moins contraires
Une autre émeute vengea !

Je vois leur mère... Démence !
Elle va crier : Clémence !
Pour ceux que porta son flanc ;
Et l'évêque, oiseau de proie,
Se saisit d'elle et la noie
Dans les flots... ou dans le sang (1).

et le *mambour* était le régent que le pays entier élisait pour combattre le prince-évêque quand celui-ci dépassait la limite de ses attributions légales.

(1) *Les flots, ou le sang :* l'alternative ne m'a pas été commandée par la rime. La mère des de Hornes se rendit au camp de l'évêque avec un grand nombre de citoyens qu'il avait demandés. Beaucoup de ces citoyens furent jetés dans le fleuve, attachés les uns aux autres ; le reste fut massacré. On ne sut jamais comment la mère des de Hornes avait péri.

Gérard Bassiers voit sans honte
Son gibet... ferme, il y monte.
Bex, beau vieillard aguerri :
Au billot sa tête roule,
Et son sang... voyez s'il coule ?
Non... l'âge l'avait tari.

Henri de Dinant se montre...
Je m'élance à sa rencontre...
Oh ! son front vient de pâlir...
Quand au peuple on se dévoue,
Devant le fer ou la roue
Le cœur ne doit point faiblir (1).

Du temps les noirs labyrinthes
Gardent des gloires éteintes ;
Mais qu'importe un nom perdu ?
Le progrès va d'âge en âge,
Comme un savant engrenage
Où tout semble confondu.

C'est une longue traînée
De lumière environnée ;

(1) Après nombre d'années de luttes, de combats, de courage, d'intrépidité, cet homme du peuple trembla devant le supplice.

L'œil cherche en ses épaisseurs,
Comme dans la blanche voie :
Nulle étoile qui s'y voie
Plus brillante que ses sœurs.

Voyez cette basilique :
A ce chef-d'œuvre gothique,
Rayonnant de piété,
Cent ouvriers concoururent,
Et puis leurs noms disparurent...
Mais le chef-d'œuvre est resté !

L'homme n'est rien ; c'est la masse.
Voyez ce fleuve qui passe
De gouttes d'eau composé.
Là c'est un pont qu'il renverse,
Là c'est un vaisseau qu'il berce,
Là c'est un champ arrosé !

Puissante démocratie !
Tes chefs que l'on apprécie
Peuvent descendre au cercueil ;
Par l'effort commun, ton arche
Domine les flots, et marche
Noble, lente, sans orgueil.

Voilà pourquoi je t'admire,
Cité, dont le front se mire
Dans le fleuve bien-aimé ;
Et c'est pour cela qu'en songe,
Son eau fraîche où je me plonge
Calme mon sang enflammé.

Dans chaque siècle, à toute heure,
Soit que la Liberté pleure
Un échec ; soit que, plus tard,
Un succès l'ait consolée,
Des Wallons, dans la mêlée,
Toujours flotta l'étendard.

Leur sol n'est-il pas de braise ?
Et lorsque quatre-vingt-treize
Lança chez eux nos soldats,
Déjà depuis quatre années
Aux Flandres efféminées
Liége indiquait leurs mandats.

« Mourir ou devenir libre ! »
Ce cri part, se croise, vibre ;
Et, de Waremme à Verviers,
Liberté, vierge féconde,

Pour soulever le vieux monde
Tu trouvas de forts leviers (1) !

(1) Ransonnet, né à Liége, mourut en 1796, général de brigade au service de la République, et laissa une belle réputation. Sur quatre de ses fils, trois moururent en braves dans les rangs de l'armée française ; le quatrième est capitaine de vaisseau en retraite, à Paris. Il fut, à Anvers, aide de camp de Carnot.

De Donceel, bourgmestre de la cité libre de Liége en 1789, fut exilé, lors de l'entrée des Autrichiens et mourut de douleur, le 19 février 1791 à Givet. On fit sur ce patriote le quatrain suivant :

> Retraçant du héros d'Utique
> L'ardent patriotisme et la mâle vertu,
> Il vit périr la République
> Et comme son modèle il n'a pas survécu.

Fyon appartenait à une famille riche de Verviers. Il adopta tout de suite et avec transport l'idée révolutionnaire. Il fut aussi général de brigade de la République française.

Jardon, né à Verviers, comme Fyon, était fils d'un boulanger. Il apprit à signer son nom, et là se bornait toute son éducation littéraire. Il avait vingt et un ans lors du grand mouvement de 1789. Il partit comme volontaire, et, en peu d'années, il atteignit le grade de général de brigade qu'il n'a voulu jamais échanger contre un grade supérieur. Après avoir fait les campagnes de la Hollande, de l'Allemagne, de l'Espagne, il fut tué dans celle de Portugal en 1809. Il était d'une intrépidité sans égale ; on le voyait toujours combattre aux avant-

Là, le peuple, en fourmilières,
Des ateliers, des houillères
Sortit, alors qu'en juillet
Nous brisions sceptre et couronne ;
A ces craquements d'un trône
On eût dit qu'il s'éveillait.

postes avec la témérité d'un simple grenadier. Être choisi par lui pour aide de camp, c'était recevoir un brevet de mort. Le nombre de ceux qui avaient été tués à ses côtés était devenu si considérable que dans les derniers temps il fut obligé de les remplacer par des sergents de grenadiers que l'on mettait à cheval. Pour le peindre d'un trait, il suffira de donner la forme des ordres que lui faisait transmettre Napoléon : « Le général Jardon se portera avec une demi-brigade à A..., occupé par douze cents Portugais ; il les battra, puis il marchera sur B... ; il le prendra, y laissera un détachement pour garder la place, et en ..... heures, il me rejoindra à C..., où nous achèverons la besogne ensemble. »

Chapuis, enfin, chirurgien de Verviers, qui, après avoir dévoué sa vie au peuple dont il était l'idole, porta sa tête sur l'échafaud où le fit monter la réaction. Son arrêt de mort, dicté par Méan, le dernier prince-évêque de Liége, portait, pour unique considérant, ces monstrueuses paroles : « Avoir la tête tranchée jus des épaules *pour l'exemple d'autres.* » Méan, ce ministre d'un Dieu de bonté et de miséricorde, dit un biographe de Chapuis, refusa durement de sauver l'homme à qui on n'avait pu imputer l'ombre d'un crime. « *Il faut donner une leçon aux philosophes,* dit-il, *nous n'en voulons plus.* » Telle fut sa réponse.

Puis, quand septembre l'appelle,
A tout son passé fidèle
Il court sur un roi félon;
La victoire alors est prompte;
Parmi les martyrs on compte
Plus d'un glorieux Wallon.

La cité, jadis princière,
Fut la noble pépinière
Où le civisme a grandi,
Et longtemps sous la cognée
Qui ne l'a point épargnée
L'arbre saint a reverdi.

Il semble qu'aujourd'hui même,
Quand un soleil froid et blême
Rend tout climat rigoureux,
Circule sous son écorce
Cette séve dont la force
Fait les rameaux vigoureux.

Liége, voilà les pensées
Qui, dans ma tête amassées,
Éclatent à ton aspect;
Filles de ta noble histoire,

Elles sont toutes de gloire
Et d'amour et de respect.

Par ton mépris des entraves,
Par tes aïeux forts et braves,
Par ton beau sexe qui plait,
Par tes arts, ton industrie,
Du soleil de ma patrie
Ton étoile est le reflet.

V

Et toi dont l'onde m'invite,
Meuse, pourquoi couler vite
En t'éloignant de ce lieu ?
Si tu remontais... encore !
A la France que j'adore
Tu porterais mon adieu !

FIN.